INGA PFANNEBECKER

POWERSNACKS TO GO

FOTOGRAFIE: JAN WISCHNEWSKI, COCO LANG

INHALT

Öffnen Sie die Klappen dieses Buches.
Dort finden Sie die wichtigsten Infos zum Thema auf einen Blick!

DAS PRINZIP: POWERSNACKS TO GO

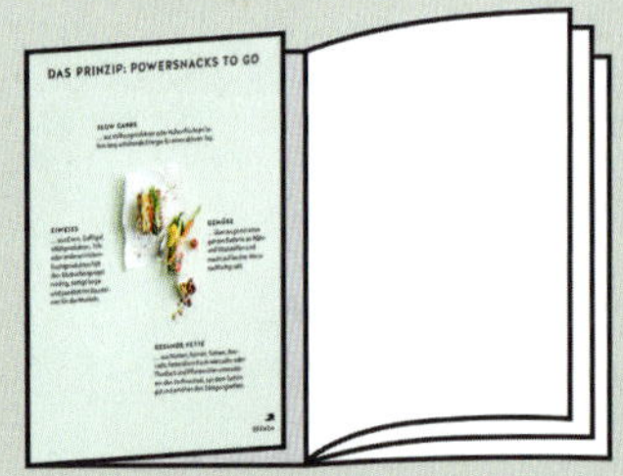

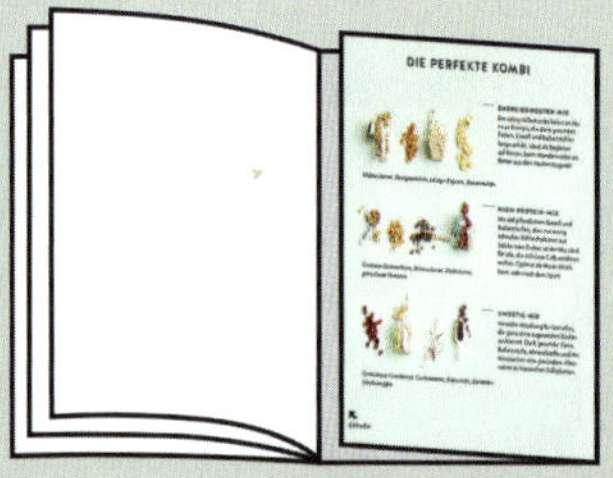

DIE PERFEKTE KOMBI

Immer griffbereit:

SO GEHT'S: PERFEKT VERPACKT

Immer griffbereit:

SO GEHT'S: SNACK PREP

GU CLOU

Wussten Sie schon, dass ...?
Entdecken Sie bei einigen ausgewählten Rezepten ganz besondere Tipps mit verblüffendem Insiderwissen. Aha-Momente garantiert!

Mit diesem Symbol sind alle vegetarischen Gerichte gekennzeichnet.

Die Backzeiten können je nach Herd variieren. Unsere Temperaturangaben beziehen sich auf das Backen im Elektroherd mit Ober- und Unterhitze.

REZEPTKAPITEL

INGA PFANNEBECKER

Auf Reisen, beim Sport, bei der Arbeit oder auch zu Hause: Wenn der kleine Hunger kommt, muss ein schneller Snack her. Damit der aber satt macht und guttut, kommt es auf den richtigen Mix an Nährstoffen an, sagt Ernährungsexpertin Inga Pfannebecker. Dann ist frische Power garantiert.

Wie gesund ist Snacken eigentlich?

Kommt ganz drauf an. Viele Snacks, die man unterwegs kaufen kann, sind zu süß, zu salzig, zu fettig oder zu kalorienreich und tun uns nicht unbedingt gut. Dauersnacken kann außerdem den Stoffwechsel durcheinanderbringen. Plane ich aber bewusst einen gesunden Snack an einem aktiven Tag ein, kann der mein Energielevel konstant halten und wertvolle Nährstoffe liefern.

Und wie sieht ein gesunder Snack aus?

Er sollte einen ausgewogenen Mix aus komplexen Kohlenhydraten, Eiweiß und gesunden Fetten liefern, möglichst viel Gemüse und Ballaststoffe enthalten, aber nicht zu viel Salz, Zucker und gesättigte Fette. So sättigt der Snack lange und versorgt mit Nährstoffen. An besonders aktiven Tagen, z. B. bei einer Fahrradtour, füllen Snacks mit mehr Kohlenhydraten die Energiespeicher schnell auf. Wer auf seine Figur achten möchte, sich nur wenig bewegt oder beim Sport Muskeln aufbauen will, greift dagegen zu eiweißreichen und kohlenhydratarmen Low-Carb-Snacks.

Aber ist Selbermachen nicht sehr aufwendig?

Natürlich braucht das mehr Zeit, als einen fertigen Schokoriegel oder eine Brezel zu kaufen. Aber dafür sind selbst gemachte Snacks auch gesünder und oft preiswerter. Damit sie ohne Stress gelingen, ist Meal Prep die Zauberformel: Alle Snacks in diesem Buch lassen sich ganz oder teilweise am Vortag vorbereiten, viele Snacks werden sogar gleich auf Vorrat in größeren Mengen gemacht.

TRAIL-MIX

70 g getrocknete Mango grob hacken.

Mit 300 g Walnusskernen und 80 g Kokoschips vermischen. Den Backofen auf 160° vorheizen, ein Backblech mit Backpapier belegen.

In einer Schüssel 60 ml Apfelessig und 1 EL Ahornsirup verrühren. Die Mango-Nuss-Mischung unterrühren.

Die Mischung auf dem Backblech verteilen und im Ofen (Mitte) in 18–20 Min. goldbraun backen. Dabei nach der Hälfte der Backzeit gut durchmischen.

Den Trail-Mix aus dem Ofen nehmen und ganz auskühlen lassen. Luftdicht in Gläser oder Dosen verpackt ist er ca. 2 Wochen haltbar. Reicht für ca. 12 Portionen (à 35 g).

ENERGIEBOOSTER

Für 2 Personen • 25 Min. Zubereitung • Pro Portion ca. 505 kcal, 34 g E, 12 g F, 62 g KH

CHICKEN-SANDWICH MIT PAPRIKAPASTE

SCHNELL UND EINFACH

FÜR DAS SANDWICH
200 g Hähnchenbrustfilet
50 g Rucola
4 Scheiben Vollkorn-Sauerteigbrot

FÜR DIE PAPRIKAPASTE
90 g geröstete Paprika (Glas)
25 g Walnusskerne
1 EL Semmelbrösel
2 TL Tomatenmark
1 TL Ahornsirup
1 TL Zitronensaft
2 Msp. gemahlener Kreuzkümmel
Salz
Pfeffer

1 Für das Sandwich das Hähnchenfilet trocken tupfen und auf einem Dämpfeinsatz in einen Topf mit wenig Wasser setzen. Aufkochen und zugedeckt bei mittlerer Hitze je nach Dicke 12–15 Min. dämpfen. (Alternativ ohne Dämpfeinsatz das Fleisch zugedeckt in einem Topf mit wenig Salzwasser garen.)

2 Inzwischen für die Paste die Paprika abtropfen lassen. Walnüsse in einer Pfanne ohne Fett rösten, bis sie duften. Dann herausnehmen. Abgetropfte Paprika, Nüsse, Semmelbrösel, Tomatenmark, Ahornsirup, Zitronensaft und Kreuzkümmel im Blitzhacker oder im Mixer zu einer groben Paste pürieren. Die Paste mit Salz und Pfeffer abschmecken.

3 Das Fleisch etwas abkühlen lassen, dann quer in 3–4 mm dicke Scheiben schneiden. Rucola verlesen, waschen, trocken schleudern und grobe Stiele entfernen.

4 Brotscheiben im Toaster rösten. Dann 2 Brote mit der Hälfte der Paprikapaste bestreichen und mit den Fleischscheiben belegen. Den Rucola und die restliche Paprikapaste darauf verteilen. Mit den restlichen 2 Brotscheiben abdecken und etwas andrücken. Die Sandwiches halbieren und fest in Butterbrotpapier wickeln oder in eine Lunchbox verpacken. Bis zum Servieren möglichst kühl lagern.

MEAL PREP
Das Sandwich lässt sich gut vorbereiten und über Nacht im Kühlschrank aufbewahren. Wer es eilig hat, belegt es ganz schnell mit Hähnchenbrustaufschnitt statt mit selbst gegartem Filet.

Für 2 Personen • 25 Min. Zubereitung • Pro Portion ca. 500 kcal, 17 g E, 26 g F, 56 g KH

TOFU-WRAPS MIT COLESLAW

EXOTISCHER GENUSS

200 g Tofu
2 TL Weißweinessig
1 ½ TL Ahornsirup
1 TL Chilisauce (z. B. Srirachasauce)
1 TL Speisestärke
Salz
250 g Spitzkohl
1 Frühlingszwiebel
½ Mango
1 EL Mayonnaise
1 EL griechischer Joghurt (5 % Fett)
Pfeffer
1 EL Öl
2 Vollkorntortillas (25 cm ∅; Weizenfladen)
2 EL geröstete, gehackte Erdnusskerne

1 Tofu gut abtropfen lassen und in zwei Lagen Küchenpapier wickeln. In einen tiefen Teller legen, mit einem Topf beschweren und möglichst viel Flüssigkeit herauspressen. Dann trocken tupfen und quer in 5 mm breite Scheiben schneiden.

2 In einer Schale 1 TL Essig, 1 TL Ahornsirup, Chilisauce, 1–2 TL kaltes Wasser, Speisestärke und ¼ TL Salz gut verrühren. Die Tofuscheiben in der Marinade wenden und bis zur Verwendung durchziehen lassen.

3 Kohl waschen, putzen und in schmalen Streifen vom Strunk hobeln oder schneiden. Frühlingszwiebel putzen, waschen und fein schneiden. Mango schälen und klein würfeln. Mayonnaise, Joghurt, übrigen Essig (1 TL) und Ahornsirup (½ TL) in einer Schüssel verrühren, mit Salz und Pfeffer abschmecken. Kohl, Frühlingszwiebel und Mango untermischen.

4 Öl in einer beschichteten Pfanne erhitzen. Die Tofuscheiben darin pro Seite in 3–4 Min. knusprig braten. Die Tortillas in einer zweiten Pfanne kurz aufbacken, herausnehmen.

5 Die Hälfte des Salats im unteren Drittel der Tortillas verteilen, dabei links und rechts einen Rand frei lassen. Den Tofu auf den Salat legen und die Erdnüsse daraufstreuen. Die Seitenränder einschlagen und die Tortillas von unten aufrollen. Die Wraps fest in Butterbrotpapier wickeln und halbieren. Sofort servieren oder in einer Lunchbox verpackt mitnehmen. Übrigen Salat in einem Bügelglas extra verpacken.

Für 8 Stück • 25 Min. Zubereitung • Pro Stück ca. 185 kcal, 8 g E, 10 g F, 16 g KH

AVOCADOPANCAKE-SPIESSE

SCHMECKT AUCH KINDERN

150 g Mehl
2 TL Backpulver
Salz
1 Ei (M)
200 ml Buttermilch
½ reife mittelgroße Avocado (125 g Fruchtfleisch)
3 TL Öl
16 Kirschtomaten
150 g Mini-Mozzarella
2 Stängel Basilikum
Öl zum Braten

AUSSERDEM
8 Holzspieße

1 Mehl, Backpulver, ½ TL Salz, Ei und Buttermilch in einer Schüssel verrühren. Fruchtfleisch der Avocado aus der Schale lösen, mit einer Gabel zerdrücken und unter den Teig rühren.

2 Etwas Öl in einer großen beschichteten Pfanne erhitzen. Pro Pancake 1 knappen EL Teig in die Pfanne geben und pro Seite in 2–3 Min. goldbraun backen. Mit dem restlichen Teig wiederholen und so 32 Mini-Pancakes (3–4 cm ∅) backen.

3 Inzwischen Tomaten waschen und trocken reiben. Mozzarella abgießen, abtropfen lassen und trocken tupfen. Basilikum waschen, trocken schütteln und die Blätter abzupfen. Mini-Pancakes, Tomaten, Mozzarellakugeln und Basilikum abwechselnd auf die Spieße stecken. Die Spieße zum Mitnehmen in eine gut schließende Lunchbox verpacken und bis zum Servieren möglichst kühl lagern.

Für 2 Personen • 25 Min. Zubereitung • Pro Portion ca. 620 kcal, 27 g E, 37 g F, 46 g KH

GEFÜLLTE PITA-TASCHEN

GUT VORZUBEREITEN

300 g Brokkoli
20 g Soft-Aprikosen
20 g Rauchmandeln
3 Stängel Basilikum
2 EL Zitronensaft
2 ½ EL Olivenöl
½ TL Honig
Salz
Pfeffer
150 g Halloumi
2 Vollkorn-Pita-Taschen

1 Für den Salat den Brokkoli waschen, trocken schütteln und die Röschen möglichst weit oben abschneiden. Im Blitzhacker klein hacken oder von Hand in sehr kleine Stücke schneiden. Aprikosen klein würfeln. Mandeln im Blitzhacker oder mit einem Messer grob hacken. Basilikum waschen, trocken schütteln und die Blätter abzupfen.

2 Zitronensaft mit 2 EL Öl, Honig, Salz und Pfeffer in einer Schüssel verquirlen. Brokkoli, Aprikosen, Mandeln und Basilikum zugeben. Den Salat mit Salz und Pfeffer abschmecken. Halloumi in 2 cm große Würfel schneiden. Übriges Öl (½ EL) in einer beschichteten Pfanne erhitzen und die Würfel darin in 4–5 Min. rundum knusprig braten.

3 Pita-Taschen im Toaster aufbacken, dann waagerecht aufschneiden. Die Taschen jeweils mit der Hälfte von Brokkolisalat und Halloumi füllen. Sofort servieren oder in Butterbrotpapier oder in einer Lunchbox verpackt mitnehmen.

Für 2 Personen • 45 Min. Zubereitung • Pro Portion ca. 585 kcal, 14 g E, 10 g F, 108 g KH

SUSHI-SANDWICH

GLUTENFREI

100 g Tofu
1 EL Sesamöl
1 EL Sojasauce
200 g Sushi-Reis
1 kleine Süßkartoffel (200 g)
Salz
6 EL Reisessig (oder anderer milder Essig)
1 TL Zucker
4 Nori-Blätter
Chilisauce (z. B. Srirachasauce, nach Belieben) zum Beträufeln

AUSSERDEM
eingelegter Ingwer zum Servieren (nach Belieben)
Wasabipaste zum Servieren (nach Belieben)
Sojasauce zum Servieren (nach Belieben)

1 Den Backofen auf 200° vorheizen, ein Backblech mit Backpapier belegen. Tofu zwischen Küchenpapier gut auspressen und in 5 mm breite Scheiben schneiden. Öl und Sojasauce verrühren und die Scheiben darin wenden. Dann auf das Backblech legen und im Ofen (Mitte) ca. 25 Min. backen.

2 Inzwischen den Reis in einem Sieb kalt abspülen, bis das Wasser klar bleibt. Dann mit 300 ml Wasser in einem Topf aufkochen und zugedeckt bei kleiner Hitze 10–12 Min. garen. Dabei gelegentlich umrühren. Den Reis vom Herd nehmen und zugedeckt noch ca. 15 Min. quellen lassen.

3 Süßkartoffel schälen, längs halbieren und in 1–1,5 cm breite Stifte schneiden. In einem Topf knapp mit Salzwasser bedeckt aufkochen und zugedeckt bei mittlerer Hitze 5–7 Min. garen. Aus dem Wasser heben, gut abtropfen und auskühlen lassen.

4 Essig erwärmen, Zucker und 1 gute Prise Salz darin auflösen. Den Essig unter den noch warmen Reis mischen. Den Reis auf einem Tablett flach ausbreiten und etwas abkühlen lassen.

5 Jeweils ein Achtel vom Reis als Quadrat in die Mitte der Nori-Blätter geben und leicht andrücken. Süßkartoffel und Tofu darauf verteilen. Nach Belieben mit etwas Chilisauce beträufeln. Übrigen Reis daraufgeben und andrücken. Die Ränder der Nori-Blätter mit etwas Wasser anfeuchten und zur Mitte falten, sodass Päckchen entstehen. Die Päckchen halbieren und nach Belieben mit Ingwer, Wasabi und Sojasauce servieren.

Für 2 Personen • 20 Min. Zubereitung • Pro Portion ca. 565 kcal, 19 g E, 22 g F, 68 g KH

KICHERERBSENSALAT-SANDWICH

VEGAN

FÜR DEN SALAT

1 Dose Kichererbsen (260 g Abtropfgewicht)
30 g Kürbiskerne
2 Frühlingszwiebeln
2 Stangen Staudensellerie
½ Bund Petersilie
50 g vegane Mayonnaise (Glas)
½ TL mittelscharfer Senf
½ TL Ahornsirup
1 Spritzer Zitronensaft
1 Msp. gemahlene Kurkuma
Salz
Pfeffer

FÜR DAS SANDWICH

4 Scheiben Vollkornbrot
Salatblätter zum Belegen

1 Für den Salat die Kichererbsen in ein Sieb abgießen, kalt abspülen und abtropfen lassen. Kürbiskerne in einer beschichteten Pfanne ohne Fett rösten, bis sie duften. Herausnehmen. Frühlingszwiebeln putzen, waschen und fein schneiden. Sellerie putzen, entfädeln, waschen und fein schneiden. Petersilie waschen, trocken schütteln und die Blätter fein schneiden.

2 Die Kichererbsen in einer Schüssel mit einer Gabel zerdrücken. Mayonnaise, Senf, Ahornsirup, Zitronensaft und Kurkuma untermischen. Dann Kürbiskerne, Frühlingszwiebeln, Sellerie und Petersilie unterheben. Den Kichererbsensalat zuletzt mit Salz und Pfeffer kräftig abschmecken.

3 Für das Sandwich die Brotscheiben nach Belieben im Toaster rösten. Salat waschen und trocken tupfen. Dann 2 Brote mit den Salatblättern belegen und den Kichererbsensalat darauf verteilen. Mit den übrigen 2 Brotscheiben abdecken. Die Sandwiches halbieren. Sofort servieren oder in einer Lunchbox verpackt oder in Butterbrotpapier gewickelt mitnehmen.

MEAL PREP

Der Kichererbsensalat lässt sich gut vorbereiten und bleibt abgedeckt im Kühlschrank ca. 3 Tage frisch. Die Brote dann vor dem Servieren oder Mitnehmen damit belegen.

Für 12 Stück • 25 Min. Zubereitung • 25 Min. Backen • Pro Stück ca. 185 kcal, 8 g E, 11 g F, 13 g KH

MÖHREN-QUINOA-MUFFINS

SCHÖN WÜRZIG

60 g Quinoa
Salz
1 Möhre (150 g)
100 g Baby-Spinat
160 g Vollkorn-Dinkelmehl
2 TL Backpulver
Salz
3 Eier (M)
100 g Hüttenkäse
80 ml Rapsöl (zum Erhitzen geeignet)
125 ml Milch
2 TL Harissa (scharfe Würzpaste; ersatzweise Tomatenmark)
120 g Schafskäse (Feta)

AUSSERDEM
12er-Muffinform
12 Muffin-Papierförmchen

1 Quinoa in ein feines Sieb geben und unter kaltem Wasser gründlich abspülen. Dann in einem kleinen Topf in Salzwasser nach Packungsanweisung garen. Die Quinoa in das Sieb abgießen und gut abtropfen lassen.

2 Den Backofen auf 180° vorheizen, die Papierförmchen in die Mulden der Muffinform setzen. Möhre schälen und auf einer Küchenreibe grob raspeln. Spinat verlesen, waschen, trocken schleudern und grob hacken.

3 Mehl, Backpulver und ½ TL Salz in einer Rührschüssel mischen. Eier, Hüttenkäse, Öl, Milch und Harissa mit dem Pürierstab verquirlen. Eiermischung und Quinoa zur Mehlmischung geben und mit einem Kochlöffel verrühren, bis sich alles gerade verbunden hat. Möhre und Spinat unterheben.

4 Die Masse in die Förmchen füllen. Schafskäse in zwölf Würfel schneiden. Je einen Würfel auf die Muffins legen und leicht eindrücken. Die Muffins im Ofen (Mitte) 22–25 Min. backen. Herausnehmen und auf einem Kuchengitter auskühlen lassen. Sofort servieren oder in einer Lunchbox verpackt mitnehmen.

MEAL PREP
Die Muffins halten sich in einer Dose im Kühlschrank ca. 3 Tage, tiefgekühlt ca. 3 Monate. Vor dem Verzehr bei Raumtemperatur auftauen lassen und nach Belieben kurz aufbacken.

Für 10 Stück • 20 Min. Zubereitung • 1 Std. 50 Min. Ruhen • 20 Min. Backen •
Pro Stück ca. 240 kcal, 11 g E, 5 g F, 38 g KH

GEFÜLLTE PIZZABRÖTCHEN

SCHMECKT AUCH KINDERN

FÜR DEN TEIG
250 g Dinkelmehl
250 g Vollkorn-Dinkelmehl
1 Pck. Trockenhefe
Salz
1 EL Olivenöl

FÜR DIE FÜLLUNG
1 Zucchino
50 g Tomatenmark
1 TL getrockneter Oregano
Salz
Pfeffer
125 g Mozzarella
2 Stängel Basilikum

AUSSERDEM
Mehl zum Arbeiten

MEAL PREP
Die Pizzabrötchen halten sich abgedeckt ca. 2 Tage. Tiefgekühlt lassen sie sich bis zu 2 Monate aufbewahren.

1 Für den Teig beide Mehlsorten, Hefe, 1 TL Salz, Öl und 320 ml lauwarmes Wasser zu einem glatten Teig verkneten. Den Teig abgedeckt an einem warmen Ort 1–1 Std. 30 Min. gehen lassen, bis sich sein Volumen etwa verdoppelt hat.

2 Inzwischen für die Füllung den Zucchino putzen, waschen und grob raspeln. Die Raspel in einem sauberen Geschirrtuch kräftig ausdrücken. Dann mit Tomatenmark, Oregano, Salz und Pfeffer vermischen. Mozzarella trocken tupfen und klein würfeln. Basilikum waschen, trocken schütteln und die Blätter fein schneiden. Beides unter die Zucchinimasse mischen.

3 Ein Backblech mit Backpapier belegen. Den Teig auf der bemehlten Arbeitsfläche kurz durchkneten und in zehn gleich große Portionen teilen. Diese mit leicht bemehlten Händen zu Kreisen (ca. 12 cm ∅) flach drücken. Jeweils 1 EL Füllung mittig daraufsetzen. Den Teig über der Füllung zusammenfassen und zu Brötchen formen. Die Brötchen mit der Nahtseite nach unten mit etwas Abstand auf das Blech legen. Abgedeckt an einem warmen Ort erneut ca. 20 Min. gehen lassen.

4 Inzwischen den Backofen auf 225° vorheizen. Die Brötchen im Ofen (Mitte) 15–20 Min. backen. Herausnehmen und auf einem Kuchengitter auskühlen lassen.

Für 2 Personen • 20 Min. Zubereitung • Pro Portion ca. 605 kcal, 26 g E, 32 g F, 58 g KH

TUNA-BURRITO

MEXIKANISCH INSPIRIERT

1 Dose Thunfisch in Öl (140 g Abtropfgewicht)
1 Dose schwarze Bohnen (265 g Abtropfgewicht; ersatzweise Kidneybohnen)
2 Frühlingszwiebeln
2 Tomaten (100 g)
1 rote Chilischote
Salz
Pfeffer
½ Kopf Eisbergsalat
½ reife Avocado
1 TL Limettensaft
2 Vollkorntortillas (25 cm ∅; Weizenfladen)

MEAL PREP
Der Thunfischsalat lässt sich super vorbereiten und bleibt im Kühlschrank 1–2 Tage frisch. Die Burritos dann vor dem Servieren oder Mitnehmen füllen.

1 Thunfisch abgießen und sehr gut abtropfen lassen. Bohnen in ein Sieb abgießen, kalt abspülen und ebenfalls sehr gut abtropfen lassen. Frühlingszwiebeln putzen, waschen und in feine Ringe schneiden. Tomaten waschen und vierteln, dabei die Stielansätze entfernen. Die Viertel entkernen und klein würfeln. Chili waschen, halbieren, weiße Trennwände und Kerne entfernen. Die Hälften fein würfeln.

2 Thunfisch, Bohnen, Frühlingszwiebeln, Tomaten und Chili in einer Schüssel vermischen, dabei den Thunfisch in kleine Stücke zerpflücken. Mit Salz und Pfeffer abschmecken.

3 Salat putzen, waschen und trocken schleudern. Dann in schmale Streifen schneiden. Fruchtfleisch der Avocado aus der Schale lösen. Mit Limettensaft beträufeln und mit einer Gabel zerdrücken. Das Püree mit Salz und Pfeffer würzen.

4 Tortillas nach Packungsanweisung in einer Pfanne kurz aufbacken. Die Tortillas mit dem Avocadopüree bestreichen, dann mit Salatstreifen und Thunfischsalat belegen. Die Seitenränder zur Mitte einklappen und die Tortillas von unten fest aufrollen. Die Burritos in Butterbrotpapier wickeln und halbieren. Sofort servieren oder in einer Lunchbox verpackt mitnehmen und bis zum Verzehr möglichst kühl lagern.

Für 4 Personen • 25 Min. Zubereitung • Pro Portion ca. 150 kcal, 4 g E, 9 g F, 12 g KH

CHILI-POPCORN MIT GRÜNKOHL

WÜRZIGE KNABBEREI

250 g Grünkohl
3 EL Olivenöl
Salz
1 TL Chilipulver (ersatzweise edelsüßes Paprikapulver)
60 g Popcornmais
1 TL abgeriebene Schale von 1 Bio-Limette

1 Den Backofen auf 200° vorheizen, ein Backblech mit Backpapier belegen. Grünkohl putzen, waschen und gut trocken tupfen. Die Blätter von den Blattrippen streifen und kleiner zupfen. 2 EL Öl mit ½ TL Salz und ca. ½ TL Chilipulver (je nach gewünschter Schärfe) verrühren. Den Kohl untermischen und auf dem Backblech ausbreiten. Im Ofen (Mitte) 10–15 Min. backen, dabei einmal wenden.

2 Inzwischen übriges Öl (1 EL) in einem Topf erhitzen. Den Mais darin zugedeckt 3–4 Min. erhitzen, bis die Körner aufpoppen. Dabei den Topf samt Deckel immer wieder schütteln. Sobald der Mais nicht mehr aufpoppt, den Topf vom Herd nehmen.

3 Das Popcorn in eine Schüssel füllen. Limettenschale, ½ TL Salz und je nach gewünschter Schärfe übriges Chilipulver (½ TL) untermischen. Die Grünkohlchips unterheben und auskühlen lassen. In einem luftdicht schließende Behälter ist das Popcorn 1–2 Tage haltbar.

Für ca. 25 Stück • 20 Min. Zubereitung • Pro Stück ca. 35 kcal, 2 g E, 2 g F, 3 g KH

HERZHAFTE ENERGY BALLS

GUT VORZUBEREITEN

1 Dose weiße Bohnen (240 g Abtropfgewicht)
50 g getrocknete Tomaten (ohne Öl)
40 g Haferflocken
2 EL Sonnenblumenkerne
25 g veganes Proteinpulver
50 g grünes Pesto
Salz, Pfeffer
Chiliflocken (ersatzweise gehackte Kräuter, Haferflocken) zum Wälzen

1 Bohnen in ein Sieb abgießen, kalt abspülen und gut abtropfen lassen. Tomaten grob hacken. 20 g Haferflocken im Blitzhacker fein mahlen. Sonnenblumenkerne in einer beschichteten Pfanne ohne Fest rösten, bis sie duften. Dann herausnehmen.

2 Bohnen, Tomaten, gemahlene Haferflocken und Sonnenblumenkerne in einen Mixer geben. Übrige Haferflocken (20 g), Proteinpulver, Pesto, ¼ TL Salz, Pfeffer und 1–2 EL Wasser zufügen und alles zu einer glatten Masse pürieren.

3 Aus der Masse mit angefeuchteten Händen etwa walnussgroße Bällchen formen. Die Bällchen zuletzt in Chiliflocken wälzen. In eine gut schließende Dose schichten und im Kühlschrank lagern. So bleiben die Bällchen ca. 5 Tage frisch.

LOW-CARB-LIEBLINGE

Für 2 Personen • 30 Min. Zubereitung • Pro Portion ca. 345 kcal, 15 g E, 30 g F, 4 g KH

CLOUD BREAD SANDWICH MIT LACHS

GLUTENFREI

2 Eier (M)
2 Msp. Backpulver
Salz
75 g Doppelrahm-Frischkäse
1 EL Sesam
4 Radieschen
25 g Rucola
3 Stängel Dill
2 TL Meerrettich (Glas)
Pfeffer
2 Scheiben geräucherter Lachs (à 15 g)

AUSSERDEM
Öl für das Blech

1 Den Backofen auf 150° vorheizen, ein Backblech mit Backpapier belegen und mit Öl bestreichen. Eier trennen. Die Eiweiße mit Backpulver und ¼ TL Salz in einer Rührschüssel mit den Rührbesen des Handrührgeräts steif schlagen. Dann die Eigelbe mit 25 g Frischkäse in einer zweiten Schüssel mit den Rührbesen des Handrührgeräts ca. 5 Min. verrühren. Den Eischnee mit einem Spatel vorsichtig unterheben.

2 Die Masse auf dem Backblech in vier runden Fladen (ca. 12 cm ∅) verteilen. Die Fladen mit Sesam bestreuen und im Ofen (Mitte) ca. 15 Min. backen. Aus dem Ofen nehmen und ca. 5 Min. abkühlen lassen. Dann mit einem Messer vorsichtig vom Backpapier lösen und ganz auskühlen lassen.

3 Inzwischen die Radieschen putzen, waschen und in dünne Scheiben hobeln oder schneiden. Rucola verlesen, waschen, trocken schleudern und grobe Stiele entfernen. Dill waschen, trocken schütteln und die Spitzen fein hacken. Übrigen Frischkäse (50 g) und Meerrettich glatt verrühren. Den Dill unterheben und die Creme mit Salz und Pfeffer abschmecken.

4 Zwei Fladen mit der Creme bestreichen. Mit Lachs, Rucola und Radieschen belegen und mit den übrigen zwei Fladen abdecken. Die Sandwiches sofort servieren oder in einer Lunchbox oder in Butterbrotpapier gewickelt mitnehmen.

Für 2 Personen • 20 Min. Zubereitung • Pro Portion ca. 360 kcal, 16 g E, 31 g F, 4 g KH

OMELETT-WRAPS

SCHNELL UND EINFACH

2 Eier (L)
4 TL Öl
Salz
Pfeffer
½ TL getrockneter Oregano
100 g Doppelrahm-Frischkäse
3 TL Ajvar (Paprikapaste; mild oder pikant)
100 g Baby-Spinat
2 Scheiben Kochschinken (à 15 g)

1 Eier mit 2 TL Öl, Salz, Pfeffer und Oregano verquirlen. In einer kleinen beschichteten Pfanne (ca. 18 cm ∅) 1 TL Öl erhitzen. Die Hälfte der Eiermasse hineingeben und gleichmäßig verteilen. Das Omelett ca. 1 Min. braten, dann vorsichtig wenden und in ca. 1 Min. fertig braten. Aus der Pfanne nehmen und abkühlen lassen. Mit restlicher Eiermasse und übrigem Öl (1 TL) wiederholen.

2 Frischkäse und Ajvar glatt verrühren. Die Creme mit Salz und Pfeffer abschmecken. Spinat verlesen, waschen und trocken schleudern.

3 Die abgekühlten Omeletts mit der Ajvarcreme bestreichen. Mit Schinken und Spinat belegen und fest aufrollen. Die Rollen fest in Butterbrotpapier wickeln und halbieren.

Für 5 Personen • 15 Min. Zubereitung • 2 Std. Auftauen • 35 Min. Backen •
Pro Portion ca. 190 kcal, 4 g E, 7 g F, 13 g KH

LOW-CARB-KNABBERMIX

GLUTENFREI

250 g TK-Edamame (ersatzweise TK-Erbsen)
1 kleine Dose Kichererbsen (130 g Abtropfgewicht)
3 EL Olivenöl
½ TL gemahlene Kurkuma
1 EL geräuchertes Paprikapulver (ersatzweise edelsüßes Paprikapulver)
Salz
1 Prise Cayennepfeffer (nach Belieben)

1 Edamame bei Raumtemperatur in ca. 2 Std. auftauen lassen. Sehr gut trocken tupfen. Den Backofen auf 225° vorheizen, ein Backblech mit Backpapier belegen. Kichererbsen in ein Sieb abgießen, kalt abspülen und gut abtropfen lassen. Dann sehr gut trocken tupfen.

2 Öl, Kurkuma, Paprikapulver, 1 TL Salz und nach Belieben Cayennepfeffer verrühren. Die Hälfte des Würzöls unter die Kichererbsen mischen. Die Kichererbsen auf einer Hälfte des Backblechs verteilen, dabei darauf achten, dass sie nicht übereinanderliegen. Im Ofen (Mitte) ca. 20 Min. rösten.

3 Die Edamame mit dem übrigen Würzöl vermischen. Das Blech aus dem Ofen nehmen und die Kichererbsen gut durchrühren. Die Edamame auf der zweiten Blechhälfte verteilen und alles ca. 15 Min. weiterrösten. Aus dem Ofen nehmen und auskühlen lassen.

Für 8 Personen • 25 Min. Zubereitung • 20 Min. Quellen • 1 Std. Backen • 45 Min. Abkühlen • Pro Portion ca. 255 kcal, 12 g E, 19 g F, 9 g KH

SAATENCRACKER MIT HUMMUS

GUT VORZUBEREITEN

FÜR DIE CRACKER
80 g Chiasamen
80 g geschroteter Leinsamen
80 g Sonnenblumenkerne
60 g Sesam
1 EL Kürbiskerne
20 g Mandelmehl
1 TL getrockneter Thymian
Salz

FÜR DEN HUMMUS
1 Dose Kichererbsen (240 g Abtropfgewicht)
75 ml Rote-Bete-Saft
25 g griechischer Joghurt (5 % Fett)
1 Spritzer Zitronensaft
1 Msp. gemahlener Kreuzkümmel
Salz
Pfeffer

MEAL PREP
In eine gut schließende Dose geschichtet, bleiben die Cracker bei Raumtemperatur bis zu 3 Wochen frisch. Der Hummus ist in einer Vorratsdose im Kühlschrank ca. 5 Tage haltbar.

1 Für die Cracker den Backofen auf 160° vorheizen. Samen, Kerne, Mandelmehl, Thymian und ¾ TL Salz in einer Rührschüssel mischen. Nach und nach 300 ml kaltes Wasser gut unterrühren. Die Masse 15–20 Min. quellen lassen.

2 Die Masse auf einen Bogen Backpapier geben, mit einem zweiten Bogen bedecken und auf Blechgröße ausrollen. Samt dem Papier auf ein Backblech ziehen und die Masse bis in die Ecken des Blechs drücken. Das obere Papier abziehen und die Masse im Ofen (Mitte) 20–25 Min. backen. Das Blech wenden, sodass die Vorderseite nach hinten zeigt und die Platte weitere 30–35 Min. backen. Dabei einen Kochlöffelstiel in die Ofentür klemmen, damit die Feuchtigkeit entweichen kann.

3 Inzwischen für den Hummus die Kichererbsen in ein Sieb abgießen, kalt abspülen und gut abtropfen lassen. Mit Rote-Bete-Saft, Joghurt, Zitronensaft, Kreuzkümmel, ½ TL Salz und Pfeffer cremig pürieren. Mit Salz und Pfeffer abschmecken.

4 Die Cracker aus dem Ofen nehmen und in ca. 45 Min. vollständig auskühlen lassen. Danach in 16 Stücke brechen. Die Cracker mit dem Hummus-Dip sofort servieren oder beides getrennt verpackt mitnehmen.

Für 2 Personen • 30 Min. Zubereitung • Pro Portion ca. 371 kcal, 21 g E, 26 g F, 12 g KH

GEMÜSE-TORTILLA

EINFACH UND GUT

1 kleine Zwiebel
200 g Knollensellerie
1 Möhre (100 g)
100 g Rote Bete
2 EL Olivenöl
Salz
Pfeffer
5 Eier (M)
½ TL getrockneter Thymian

GU **CLOU**

Diese Tortilla ist ein Tausendsassa, denn das Gemüse lässt sich nach Geschmack, Vorrat und Saison immer neu variieren. So schmeckt die Tortilla rund ums Jahr. Lecker in der Eiermasse sind z. B. auch Paprika, Staudensellerie, Kohlrabi oder Steckrübe. Abgedeckt bleibt die Tortilla im Kühlschrank bis zu 3 Tage frisch.

1 Zwiebel schälen und klein würfeln. Sellerie, Möhre und Rote Bete schälen und alles grob raspeln. In einer beschichteten ofenfesten Pfanne (ca. 24 cm ∅) 1 EL Öl erhitzen. Die Zwiebel darin 3–4 Min. andünsten. Die Gemüseraspel zugeben und 2–3 Min. unter Wenden mitbraten. Dann 2 EL Wasser zugießen und das Gemüse zugedeckt ca. 3 Min. dünsten. Mit Salz und Pfeffer würzen. Das Gemüse in eine Rührschüssel füllen und kurz abkühlen lassen, die Pfanne ausreiben.

2 Den Backofengrill auf 220° vorheizen. Eier verquirlen, mit Thymian, Salz und Pfeffer würzen. Die Eiermasse unter das Gemüse mischen. Übriges Öl (1 EL) in der Pfanne erhitzen, die Tortillamasse hineingeben und bei nicht zu großer Hitze in 4–5 Min. stocken lassen. Die Pfanne dann in den Ofen (oben) stellen und die Tortilla unter dem heißen Grill 4–5 Min. garen, bis die Oberfläche gestockt ist.

3 Die Tortilla aus dem Ofen nehmen und kurz abkühlen lassen. Dann vom Pfannenrand lösen, auf einen großen Topfdeckel oder Teller stürzen und auf eine Platte gleiten lassen. Die Tortilla in Viertel schneiden. Sofort servieren oder auskühlen lassen und in einer Lunchbox verpackt mitnehmen.

Für 2 Personen • 25 Min. Zubereitung • Pro Portion ca. 560 kcal, 34 g E, 34 g F, 27 g KH

TOFUBÄLLCHEN MIT HÜTTENKÄSE

KNUSPRIGES VERGNÜGEN

FÜR DIE BÄLLCHEN
200 g Tofu
1 kleine Knoblauchzehe
2 EL Kichererbsenmehl
1 EL gemahlene Flohsamenschalen
2 EL Tomatenmark
1 TL mittelscharfer Senf
1 TL edelsüßes Paprikapulver
45 g Vollkorn-Semmelbrösel
Salz
Pfeffer
Öl zum Ausbacken

FÜR DEN HÜTTENKÄSE-DIP
250 g Hüttenkäse
½ reife Avocado
1 Pck. TK-Kräutermix (55 g)
1 EL Zitronensaft
Salz, Pfeffer

1 Für die Bällchen den Tofu in einer Schüssel mit einer Gabel fein zerdrücken. Knoblauch schälen und in feine Würfel schneiden. Knoblauch, Kichererbsenmehl, Flohsamenschalen, Tomatenmark, Senf, Paprikapulver, ¾ TL Salz und Pfeffer zum Tofu geben. Alles mit den Händen kräftig verkneten.

2 Semmelbrösel auf einen flachen Teller geben. Aus der Tofumasse etwa walnussgroße Bällchen formen und in den Bröseln wenden. Eine Pfanne ca. 2 cm hoch mit Öl füllen und erhitzen. Die Bällchen darin portionsweise bei nicht zu großer Hitze unter Wenden in 5–6 Min. knusprig goldbraun ausbacken. Fertige Bällchen aus der Pfanne nehmen und auf Küchenpapier abtropfen und abkühlen lassen.

3 Inzwischen für den Dip den Hüttenkäse in einen Mixer geben. Das Fruchtfleisch der Avocado aus der Schale lösen. Mit Kräutermix, Zitronensaft, Salz und Pfeffer ebenfalls in den Mixer geben. Alles zu einem cremigen Dip pürieren.

4 Die Bällchen mit dem Dip sofort servieren oder auskühlen lassen und beides getrennt verpackt mitnehmen.

MEAL PREP
Tofubällchen und Dip bleiben in gut schließende Vorratsdosen verpackt im Kühlschrank ca. 3 Tage frisch.

Für 2 Personen • 30 Min. Zubereitung • Pro Portion ca. 480 kcal, 34 g E, 31 g F, 15 g KH

MINI-FRITTATA MIT SALATSPIESS

MEDITERRANER GENUSS

FÜR FRITTATA UND DIP
1 Zucchino (250 g)
3 Stängel Minze
100 g TK-Erbsen
100 g Schafskäse (Feta)
4 Eier (M)
Salz
Pfeffer
100 g griechischer Joghurt (5 % Fett)

FÜR DIE SPIESSE
½ kleiner Kopf Eisbergsalat
100 g Kirschtomaten

AUSSERDEM
12er-Muffinform
Öl für die Form
4 Holzspieße

MEAL PREP
Die Frittata bleibt gut verpackt im Kühlschrank bis zu 3 Tage frisch. Für den Vorrat lässt sie sich auch tiefkühlen und ist dann ca. 3 Monate haltbar.

1 Für die Frittata den Backofen auf 190° vorheizen, sechs Mulden der Muffinform mit Öl einfetten. Zucchino putzen, waschen und grob raspeln. Die Raspel in einem sauberen Geschirrtuch kräftig ausdrücken, sodass sie möglichst trocken sind. Minze waschen, trocken schütteln und die Blätter hacken. Zucchiniraspel, TK-Erbsen und Minze mischen. 60 g Schafskäse dazubröseln und die Mischung auf die Formmulden verteilen.

2 Eier mit Salz und Pfeffer in einer Schüssel verquirlen. Die Eiermasse gleichmäßig in die Formmulden füllen und die Muffins im Ofen (Mitte) 13–15 Min. backen.

3 Inzwischen für die Spieße den Salat putzen, waschen und trocken schleudern. Tomaten waschen und trocken tupfen. Die Salatblätter einzeln zu kleinen Päckchen falten und im Wechsel mit den Tomaten auf die Spieße stecken.

4 Für den Dip den restlichen Schafskäse (40 g) mit einer Gabel in einer Schüssel fein zerdrücken. Joghurt unterrühren und den Dip mit Salz und Pfeffer abschmecken.

5 Die Küchlein aus dem Ofen nehmen und etwas abkühlen lassen. Dann vorsichtig aus der Form lösen. Sofort mit Dip und Salatspießen servieren oder auskühlen lassen und zum Mitnehmen getrennt in eine Lunchbox verpacken.

Für 8 Stück • 30 Min. Zubereitung • Pro Stück ca. 120 kcal, 5 g E, 6 g F, 10 g KH

BUNTE SUMMER ROLLS

ASIATISCH

FÜR DIE SUMMER ROLLS

4 Eier (M)
Salz
2 TL Öl
50 g Baby-Spinat
½ Bund Koriandergrün
1 Rote Bete
1 Möhre
¼ Salatgurke
8 Reispapierblätter (22 cm ∅)

FÜR DEN DIP

2 EL Erdnussmus (ungesüßt)
1 EL Sojasauce
1 TL Ahornsirup
2 EL Limettensaft
Salz

GUT ZU WISSEN
Das dünne, fast durchsichtige Reispapier ist ein fester Bestandteil der asiatischen Küche und wird besonders gerne für die Zubereitung von Rollen verwendet. Bei uns ist es in Asialäden sowie in gut sortierten Supermarkten erhältlich.

1 Für die Summer Rolls Eier und ½ TL Salz verquirlen. Eine kleine beschichtete Pfanne (ca. 18 cm ∅) mit Öl ausstreichen und erhitzen. 2 EL der Eiermischung in die Pfanne geben, verteilen und pro Seite 1–2 Min. backen, herausnehmen. So fortfahren und insgesamt acht kleine Omeletts backen.

2 Spinat verlesen, waschen und gut abtropfen lassen. Koriandergrün waschen, trocken schütteln und die Blätter abzupfen. Rote Bete schälen und grob raspeln. Möhre schälen, je nach Größe quer halbieren oder dritteln und in schmale Stifte schneiden. Gurke waschen, längs halbieren und die Kerne herausschaben. Die Hälften in schmale Streifen schneiden.

3 Reispapierblätter einzeln unter lauwarmem Wasser kurz anfeuchten und auf ein Geschirrtuch legen. Die Blätter 1–2 Min. quellen lassen, bis sie biegsam sind. Einige Korianderblätter und je ein Omelett darauflegen. Mit Spinat, Roter Bete, Möhre, Gurke und übrigen Korianderblättern belegen, dabei rundum ca. 2 cm Rand frei lassen. Die Seitenränder des Reispapiers über die Füllung klappen, dann das Papier von unten über die Füllung schlagen und nach oben fest aufrollen.

4 Für den Dip Erdnussmus, Sojasauce, Ahornsirup, Limettensaft, 50 ml lauwarmes Wasser und 1 Prise Salz glatt verrühren. Die Summer Rolls mit dem Dip servieren.

Für 6 Stück • 35 Min. Zubereitung • Pro Stück ca. 145 kcal, 8 g E, 10 g F, 4 g KH

BLUMENKOHL-KÄSE-WAFFELN

EINFACH

400 g Blumenkohlröschen
2 Frühlingszwiebeln
½ Bund Petersilie
1 EL Olivenöl
75 g Emmentaler
2 Eier (M)
15 g Mehl
1 TL gemahlene Flohsamenschalen
Salz
Pfeffer
1 Prise Cayennepfeffer

AUSSERDEM
Waffeleisen
Öl für das Waffeleisen

GUT ZU WISSEN
Unbedingt frische Blumenkohlröschen verwenden. Kommen die Röschen aus dem Frost, enthalten sie zu viel Wasser und machen die Waffeln matschig.

1 Blumenkohlröschen waschen und abtropfen lassen. Frühlingszwiebeln putzen, waschen und in grobe Stücke schneiden. Petersilie waschen, trocken schütteln und die Blätter abzupfen. Beides zum Blumenkohl geben. Dann alles im Blitzhacker zerkleinern, bis der Blumenkohl etwa reiskorngroß ist.

2 Öl in einer Pfanne erhitzen und die Blumenkohlmischung darin ca. 3 Min. unter Wenden andünsten. Inzwischen den Käse in grobe Stücke teilen und im Blitzhacker zerkleinern.

3 Blumenkohlmischung und Käse in eine Schüssel geben. Eier, Mehl, Flohsamenschalen, ¼ TL Salz, Pfeffer und Cayennepfeffer zufügen und alles gut vermischen.

4 Das Waffeleisen vorheizen, die Backflächen dünn mit Öl einfetten. Dann die Blumenkohlmasse mithilfe eines Eiskugelportionierers portionsweise auf die untere Backfläche setzen. Das Waffeleisen schließen und die Waffel in 3–4 Min. knusprig goldbraun backen. Herausnehmen und auf ein Kuchengitter legen. So fortfahren und insgesamt sechs kleine Waffeln backen. Sofort servieren oder in einer Lunchbox verpackt mitnehmen.

Für 2 Personen • 30 Min. Zubereitung • Pro Portion ca. 555 kcal, 39 g E, 26 g F, 25 g KH

ZUCCHINI-HALLOUMI-PUFFER

GEMÜSE MAL ANDERS

FÜR DIE PUFFER
500 g Zucchini
2 Frühlingszwiebeln
3 Stängel Basilikum
100 g Halloumi
50 g Vollkorn-Dinkelmehl
25 g Mandelmehl
2 Eier (M)
Salz
Pfeffer
Olivenöl zum Braten

FÜR DEN DIP
150 g Magerquark
1 EL Zitronensaft
1 EL grünes Pesto
Salz
Pfeffer

1 Für die Puffer die Zucchini putzen, waschen und mithilfe eines Spiralschneiders in dünne, nudelähnliche Streifen schneiden. (Alternativ mit einem Sparschäler längs in dünne Streifen schneiden.) Frühlingszwiebeln putzen, waschen und fein schneiden. Basilikum waschen und trocken schütteln. Die Blätter abzupfen und in feine Streifen schneiden. Halloumi trocken tupfen und grob raspeln.

2 Mehl, Mandelmehl und Eier in einer Schüssel gut verrühren. Zucchini, Frühlingszwiebeln, Basilikum und Halloumi zugeben. Mit Salz und Pfeffer würzen und alles gut vermischen.

3 Etwas Öl in einer großen beschichteten Pfanne erhitzen. Pro Puffer ca. 2 EL Zucchinimasse hineinsetzen, etwas flach drücken und pro Seite in 3–4 Min. goldbraun braten. Fertige Puffer aus der Pfanne nehmen und durch Küchenpapier abtropfen lassen. Mit der restlichen Masse wiederholen.

4 Inzwischen für den Dip Quark, Zitronensaft und Pesto glatt verrühren. Mit Salz und Pfeffer abschmecken. Die Puffer sofort mit dem Dip servieren oder abkühlen lassen und zum Mitnehmen beides getrennt in eine Lunchbox verpacken.

GESUNDE SWEETIES

Für 6 Stück • 20 Min. Zubereitung • 30 Min. Backen • Pro Stück ca. 145 kcal, 10 g E, 8 g F, 8 g KH

MINI-PROTEIN-CHEESECAKE

LOW CARB

125 g Magerquark
65 g Doppelrahm-Frischkäse
einige Tropfen natürlicher Vanilleextrakt
25 g Mandelmehl
3 g Johannisbrotkernmehl
1 Msp. Backpulver
Salz
2 EL Kokosblütenzucker (ersatzweise Birkenzucker)
1 Ei (L)
100 g TK-Beerenmix

AUSSERDEM
12er-Muffinform
Butter und Mandelmehl für die Form

1 Den Backofen auf 175° vorheizen, sechs Mulden der Muffinform mit Butter einfetten und mit Mandelmehl ausstreuen.

2 Quark, Frischkäse und Vanille in eine Rührschüssel geben und mit den Rührbesen des Handrührgeräts glatt verrühren. Mandelmehl, Johannisbrotkernmehl, Backpulver, 1 Prise Salz und Kokosblütenzucker mischen. Zur Quarkmasse geben und unterrühren. Ei zufügen und gut einrühren.

3 Die Quarkmasse gleichmäßig in die Formmulden füllen. TK-Beeren darauf verteilen und leicht eindrücken.

4 Die Küchlein im Ofen (Mitte) ca. 30 Min. backen. Dabei gegen Ende der Backzeit eventuell abdecken, damit sie nicht zu dunkel werden. Den Backofen ausschalten, die Ofentür öffnen und die Küchlein im Ofen ganz auskühlen lassen. Danach vorsichtig aus den Mulden lösen.

MEAL PREP
Die Mini-Cheesecakes bleiben gut verpackt im Kühlschrank ca. 3 Tage frisch. Sie lassen sich auch auf Vorrat für ca. 3 Monate tiefkühlen.

Für ca. 10 Stücke • 15 Min. Zubereitung • Pro Stück ca. 80 kcal, 3 g E, 4 g F, 8 g KH

BANANEN-ERDNUSS-ROLLEN

SCHNELL UND EINFACH

2 Vollkorntortillas (18 cm ∅; Weizenfladen)
50 g Erdnussmus (ungesüßt)
2 mittelgroße Bananen
10 g Zartbitter-Schokolade
2 TL geschälte Hanfsamen

1 Tortillas nach Packungsanweisung in einer Pfanne ohne Fett unter Wenden kurz aufbacken. Herausnehmen und etwas abkühlen lassen.

2 Erdnussmus auf den Tortillas verstreichen. Bananen schälen und je 1 Banane auf das untere Drittel der Tortillas legen. Schokolade mit einem Sparschäler darüberraspeln. Mit Hanfsamen bestreuen.

3 Die Tortillas von unten aufrollen und in 3–4 cm breite Stücke schneiden. Sofort servieren oder in einer Lunchbox mitnehmen.

Für ca. 16 Stück • 15 Min. Zubereitung • Pro Stück ca. 80 kcal, 3 g E, 6 g F, 4 g KH

PROTEIN BALLS

LOW CARB

20 g Haferflocken
125 g helles Mandelmus (ungesüßt)
2 EL Ahornsirup
30 g Proteinpulver (ungesüßt)
einige Tropfen natürlicher Vanilleextrakt
Kakao-Nibs (ersatzweise Kokosraspel, Sesam, gehackte Mandeln oder Pistazien) zum Wälzen

1 Haferflocken in einem Blitzhacker fein mahlen. Mandelmus, Ahornsirup, Proteinpulver und Vanille zugeben und alles zu einer geschmeidigen Masse mixen. Dabei noch 1–3 EL Wasser zufügen, sodass eine gut formbare Masse entsteht.

2 Von der Masse jeweils 1 gehäuften TL abstechen und mit angefeuchteten Händen etwa walnussgroße Bällchen formen.

3 Die Bällchen zuletzt in Kakao-Nibs wälzen und in einer gut schließenden Dose im Kühlschrank lagern. So bleiben die Bällchen ca. 1 Woche frisch, tiefgekühlt sind sie ca. 3 Monate haltbar.

Für 10 Stück • 45 Min. Zubereitung • Pro Stück ca. 130 kcal, 3 g E, 7 g F, 14 g KH

MILCHREIS-BÄLLCHEN

SCHMECKT AUCH KINDERN

125 g Milchreis
300 ml Milch (ersatzweise ungesüßter Mandeldrink)
200 g Kokosmilch (aus dem Tetrapak)
2 TL Kokosblütenzucker (ersatzweise Birkenzucker)
½ Mango
50 g Kokosraspel

GUT ZU WISSEN
Das Formen der Bällchen klappt am besten mit angefeuchteten Händen. Zur Abwechslung machen sich auch Beeren oder entsteinte Kirschen gut als Füllung.

1 Milchreis mit Milch und Kokosmilch in einen Topf geben. Aufkochen und den Reis nach Packungsanweisung garen, dabei besonders gegen Ende der Garzeit öfters umrühren. Den Milchreis vom Herd nehmen, Kokosblütenzucker unterrühren und lauwarm abkühlen lassen.

2 Inzwischen Mango schälen, das Fruchtfleisch flach vom Stein schneiden und in zehn gleich große Würfel schneiden.

3 Kokosraspel auf einen flachen Teller streuen. Vom Milchreis jeweils 1 gehäuften EL abnehmen und auf der Handfläche etwas flach drücken. Mittig 1 Mangowürfel darauflegen und den Milchreis darüber zu einer Kugel formen. Die Kugel in den Kokosraspeln wälzen. So fortfahren und insgesamt zehn Bällchen formen. Die Bällchen bis zum Servieren abgedeckt in den Kühlschrank stellen. So halten sie sich 2–3 Tage.

Für 12 Stück • 25 Min. Zubereitung • 30 Min. Backen • 1 Std. Abkühlen • Pro Stück ca. 230 kcal, 7 g E, 11 g F, 25 g KH

KERNIGE SCHOKO-MÜSLIRIEGEL

GUT VORZUBEREITEN

1 EL geschroteter Leinsamen
6 Medjool-Datteln (90 g)
70 g Mandeln
70 g Haselnusskerne
70 g Vollkorn-Dinkelmehl
125 g Haferflocken
40 g Kokosraspel
75 g Kakao-Nibs
15 g Kakaopulver
125 ml Ahornsirup
50 g Zartbitter-Schokolade

AUSSERDEM
quadratische Backform (20 × 20 cm; ersatzweise Auflaufform)

MEAL PREP
In eine gut schließende Dose geschichtet und kühl und trocken gelagert, bleiben die Riegel ca. 2 Wochen frisch.

1 Leinsamen in einer Rührschüssel mit 60 ml Wasser verrühren und ca. 10 Min. quellen lassen. Inzwischen den Backofen auf 180° vorheizen, die Backform mit Backpapier auslegen.

2 Datteln entsteinen und klein würfeln. Mandeln und Haselnüsse fein hacken. Datteln, Mandeln, Nüsse, Mehl, Haferflocken, Kokosraspel, Kakao-Nibs, Kakaopulver und Ahornsirup zum Leinsamen geben und gut vermischen.

3 Die Masse in die Form geben, fest andrücken und glatt streichen. Im Ofen (Mitte) 25–30 Min. backen. Herausnehmen und in der Form auskühlen lassen.

4 Schokolade in Stücke brechen und über einem heißen Wasserbad schmelzen. Die Müsliplatte mithilfe des Papiers aus der Form heben und mit einem Wellenschliffmesser in zwölf Riegel schneiden. Die geschmolzene Schokolade mit einem Löffel in Linien darüberträufeln und trocknen lassen.

Für 6 Stück • 30 Min. Zubereitung • Pro Stück ca. 230 kcal, 7 g E, 13 g F, 21 g KH

APFEL-JOGHURT-WAFFELN

FRUCHTIGER GENUSS

2 EL Kokosöl
30 g Walnusskerne
75 g Vollkorn-Dinkelmehl
50 g Dinkelmehl
1 TL Backpulver
½ TL Zimtpulver
Salz
2 Eier (M)
125 g Joghurt
125 ml Milch
1 EL Ahornsirup
1 kleiner Apfel

AUSSERDEM
Waffeleisen
Öl für das Waffeleisen

MEAL PREP
Die Waffeln lassen sich prima tiefkühlen. Vor dem Servieren dann einfach im Toaster wieder kurz aufbacken.

1 Kokosöl in einem Topf bei kleiner Hitze schmelzen. Walnüsse hacken. Beide Mehlsorten, Backpulver, Zimt und 1 Prise Salz in einer Rührschüssel mischen.

2 Eier trennen, die Eiweiße steif schlagen. Die Eigelbe in einer zweiten Rührschüssel mit Joghurt, Milch, Ahornsirup und geschmolzenem Kokosöl glatt verrühren.

3 Apfel schälen und das Fruchtfleisch auf der groben Seite einer Küchenreibe rundum bis auf das Kerngehäuse zur Eigelbmasse raspeln. Mehlmischung und Walnüsse zugeben und kurz unterrühren. Zuletzt den Eischnee unterheben.

4 Das Waffeleisen vorheizen, die Backflächen dünn mit Öl einfetten. Den Teig portionsweise auf der unteren Backfläche verteilen. Das Waffeleisen schließen und die Waffel in 3–4 Min. goldbraun backen. Herausnehmen und auf einem Kuchengitter abkühlen lassen. Mit dem restlichen Teig wiederholen und so je nach Größe des Waffeleisens etwa sechs Waffeln backen. Dazu schmecken Heidelbeeren und Vanillequark.

Für ca. 15 Stück • 25 Min. Zubereitung • 30 Min. Backen • Pro Stück ca. 195 kcal, 4 g E, 11 g F, 18 g KH

HAFER-COOKIES

SCHMECKEN GROSS UND KLEIN

100 g Vollkorn-Dinkelmehl
50 g kernige Haferflocken
1 TL Natron
Salz
100 g weiche Butter
120 g brauner Zucker
1 Ei (M)
½ TL natürlicher Vanilleextrakt
120 g Nussmus (ungesüßt)
50 g getrocknete Cranberrys
30 g Zartbitter-Schokotropfen (backfest)

TAUSCH-TIPP
Statt Cranberrys passen auch andere Trockenfrüchte wie Rosinen, Kirschen oder klein gewürfelte Soft-Aprikosen in die Cookies. Lieber weniger süß? Dann gehackte Nüsse statt Früchte unter den Teig heben.

1 Den Backofen auf 170° vorheizen, zwei Backbleche mit Backpapier belegen. Mehl, Haferflocken, Natron und ½ TL Salz in einer Schüssel vermischen.

2 Butter und Zucker in einer Rührschüssel mit den Rührbesen des Handrührgeräts cremig rühren. Ei zufügen und gut unterrühren. Vanille und Nussmus einrühren. Die Mehlmischung zugeben und möglichst kurz unterrühren, bis sich alles gerade verbunden hat. Cranberrys und Schokotropfen unterheben.

3 Vom Teig jeweils 1 gehäuften EL abnehmen und mithilfe eines zweiten Esslöffels als Häufchen auf die Bleche setzen. Dabei ausreichend Abstand dazwischen lassen, da der Teig beim Backen leicht verläuft. Die Häufchen dann mit einer angefeuchteten Gabel zu 5–6 cm großen Talern flach drücken.

4 Die Cookies im Ofen (Mitte) nacheinander je 10–15 Min. backen, bis sich die Ränder goldbraun färben. Herausnehmen und auf einem Kuchengitter auskühlen lassen. Die Cookies zum Aufbewahren in eine gut schließende Dose schichten. Darin bleiben sie ca. 2 Wochen frisch.

REGISTER

Vegetarische Rezepte, die im Buch mit einem 🌢 gekennzeichnet sind, sind hier grün abgesetzt.

Abkürzungsverzeichnis:
E = Eiweiß
EL = Esslöffel (gestrichen)
F = Fett
kcal = Kilokalorien
KH = Kohlenhydrate
Msp. = Messerspitze
Pck. = Päckchen
TK = Tiefkühl
TL = Teelöffel (gestrichen)
Ø = Durchmesser

LIEBE LESERINNEN UND LESER,

wir wollen Ihnen mit diesem Buch Informationen und Anregungen geben, um Ihnen das Leben zu erleichtern oder Sie zu inspirieren, Neues auszuprobieren. Wir achten bei der Erstellung unserer Bücher auf Aktualität und stellen höchste Ansprüche an Inhalt und Gestaltung. Alle Anleitungen und Rezepte werden von unseren Autoren, jeweils Experten auf ihren Gebieten, gewissenhaft erstellt und von unseren Redakteur*innen mit größter Sorgfalt ausgewählt und geprüft.

Haben wir Ihre Erwartungen erfüllt? Sind Sie mit diesem Buch und seinen Inhalten zufrieden? Wir freuen uns auf Ihre Rückmeldung. Und wir freuen uns, wenn Sie diesen Titel weiterempfehlen, in Ihrem Freundeskreis oder bei Ihrem Online-Kauf.

Sollten wir Ihre Erwartungen so gar nicht erfüllt haben, tauschen wir Ihnen Ihr Buch jederzeit gegen ein gleichwertiges zum gleichen oder ähnlichen Thema um.

KONTAKT ZUM LESERSERVICE

GRÄFE UND UNZER VERLAG
Grillparzerstraße 12
81675 München
www.gu.de

IMPRESSUM

GU ist eine eingetragene Marke der GRÄFE UND UNZER VERLAG GmbH, www.gu.de

ISBN 978-3-8338-9305-6
3. Auflage 2024

Projektleitung: Elke Sieferer
Lektorat: Petra Teetz
Korrektorat: Jutta Weikmann
Gesamtgestaltung: independent Medien-Design, München
Umschlaggestaltung: ki36 Editorial Design, Sabine Krohberger, München
Herstellung: Felix Robitsch
Satz: Eberl & Koesel Studio GmbH
Reproduktion: medienprinzen GmbH
Druck + Bindung: Firmengruppe APPL, aprinta druck, Wemding
Printed in Germany

Bildnachweis:
GU/StockFood Studios/Jan Wischnewski: Cover, U3, U6, U8 sowie S. 03 und 06–59
GU/StockFood Studios/Coco Lang: U2, U4, U5, U7 sowie S. 01 und 05
Coco Lang: S. 64
Maud Fontein: Autorinnenfoto S. 04

Umwelthinweis:
Nachhaltigkeit ist uns sehr wichtig. Der Rohstoff Papier ist in der Buchproduktion hierfür von entscheidender Bedeutung. Daher ist dieses Buch auf PEFC-zertifiziertem Papier gedruckt. PEFC garantiert, dass ökologische, soziale und ökonomische Aspekte in der Verarbeitungskette unabhängig überwacht werden und lückenlos nachvollziehbar sind.

Bildagentur Image Professionals GmbH, Tumblingerstr. 32, 80337 München
www.imageprofessionals.com
Die GU-Homepage finden Sie unter www.gu.de

GRÄFE UND UNZER
Ein Unternehmen der GANSKE VERLAGSGRUPPE

APPETIT AUF MEHR?

ISBN 978-3-8338-7304-1

ISBN 978-3-8338-7691-2

ISBN 978-3-8338-7082-8

ISBN 978-3-8338-6620-3

ISBN 978-3-8338-7950-0

ISBN 978-3-8338-6623-4

Alle hier vorgestellten Bücher sind auch als eBook erhältlich.

G|U

Mehr von GU auf **www.gu.de** und **facebook.com/gu.verlag**

Die Autorin

Inga Pfannebecker

arbeitet als freie Journalistin und Buchautorin. Ihre Leidenschaft für gutes Essen setzt die Diplom-Oecotrophologin am liebsten in Rezepten um, in denen sich guter Geschmack und gesunde Ernährung perfekt ergänzen. Inga Pfannebecker hat bereits zahlreiche Kochbücher veröffentlicht und ist Mitglied im Food Editors Club.

Der Fotograf

Jan Wischnewski

ist als Koch, Food-Stylist und Fotograf ein wahrer Alleskönner. Früher noch als Koch in der Sternegastronomie tätig, schafft er es heute, seine beiden Passionen zu vereinen und widmet sich ihnen seit 2010 voll und ganz.